Adesivos divertidos

Crie suas próprias cenas colando estes adesivos divertidos.

Muitas Coisas para Procurar Na Fazenda!

Vire as páginas para procurar muitas coisas...

... e se divertir com os adesivos!

Ilustrado por Louise Pigott

GIRASSOL

Tratores pesados

Procure a carretinha retangular.

Qual trator está **empurrando**?

Muitas coisas para procurar... volantes ★ enfardadeira

Agricultores trabalhadores

Procure a colheitadeira verde.

Qual agricultor está colhendo **frutas**?

Quantos agricultores têm nas páginas 6 e 7?

Muitas coisas para procurar... cenouras ★ retrovisores

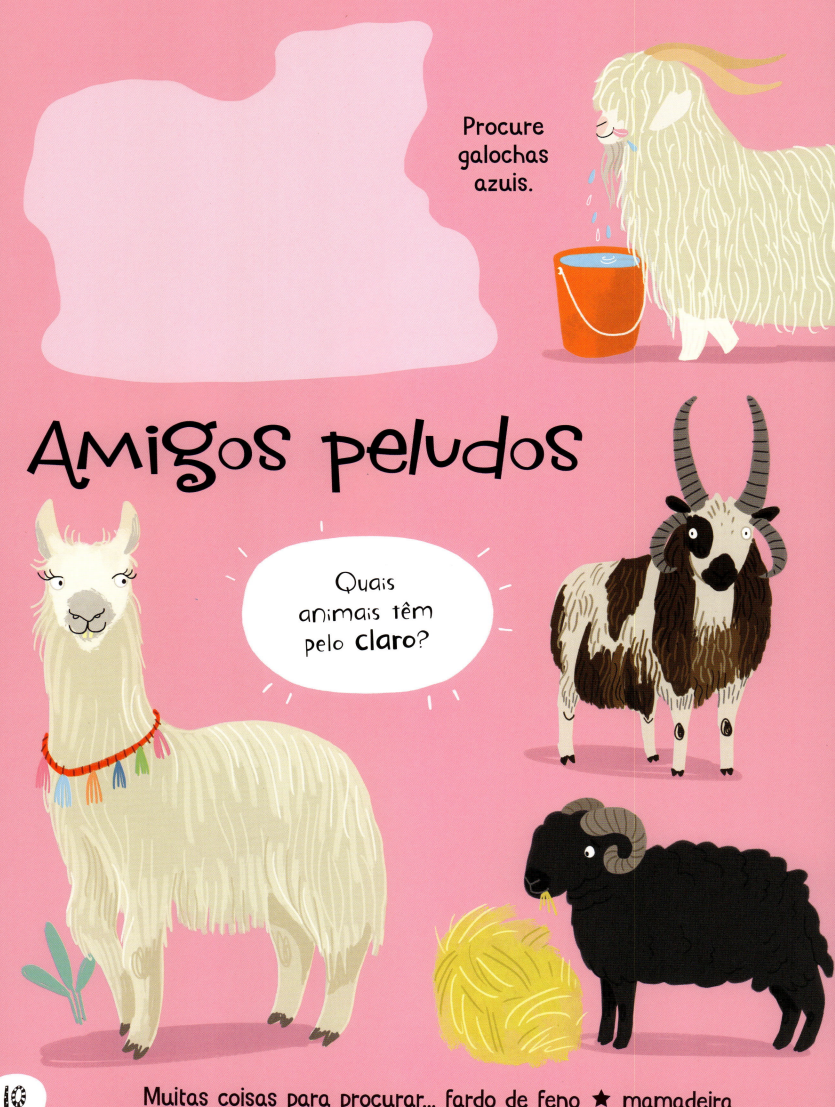

Preso na lama

Você consegue encontrar dez filhotes de porco?

Quais porcos estão **deitados**?

Procure muitas caudas enroladinhas.

Muitas coisas para procurar... vegetais ★ roseta ★ galochas

No estábulo

Quantos capacetes de hipismo você consegue encontrar?

Procure os cavalos com patas brancas.

Quais cavalos estão se **movimentando**?

Muitas coisas para procurar... selas ★ ferradura ★ carrinho de mão

Loja da fazenda

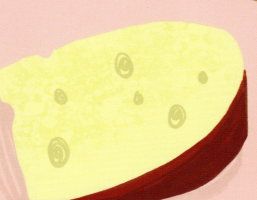

Qual pote está **aberto**?

Procure as flores roxas.

Quantas caixinhas de bebida você consegue encontrar?

Muitas coisas para procurar... queijo ★ vaca ★ caixa de ovos

Quais potes estão **fechados**?

Procure um rótulo em forma de losango.

gelo ★ abelhas ★ macarrão ★ garrafa

21

Frutas e vegetais

Qual recipiente está quase **vazio**?

Procure os vegetais verdes.

22 Muitas coisas para procurar... folhas ★ escada ★ milho